DIE LEERE MITTE

Random Access Journal

BERLIN

....

Issue n.7 ¬ 09/2020
15°C ¬ 52.4802743 ¬ 13.5441468

....

```
#include <stdio.h>
int main()
{
printf("Hello, Berlin!");
return 0;
}
```

Die Leere Mitte
Guidelines

Broadly accepted: Experimental and conceptual writing, theoretical papers, asemic and concrete texts, vispo, theorems, axiom collection, quantum weirdness, reviews of books addressing these topics and the like.

Texts: poetry (60 lines max. overall); prose (500-600 words max. overall). *Format*: Times New Roman 12; single line spacing; all in one .doc or .odt file. *Languages*: Catalan, Croatian, English, French, German, Italian, Russian, Spanish.

Visual: 1-3 B&W images. *Format*: jpg, tiff, png, 72-300 DPI.

Simultaneous submissions are welcome, provided that the piece is withdrawn if accepted elsewhere, as well as previously published works when properly credited. Each issue will be free to download (.pdf). A printed version will be made available through lulu.com for collectors. No reading fee; no payment or copies to contributors at present. Authors assume responsibility for the originality, intellectual property rights and ethical implications of submitted works.

submissions: leeremittemag@gmail.com
home: https://leserpent.wordpress.com/category/dlm/
twitter: @LeereMitte

Edited in Berlin by Horst Berger and Federico Federici.
ISBN 9798677788079

CONTENTS

Manuel Delgado Meroño ∶ *Jukebox*

Insert Coins

One
                                   Two
                                                        Three

Learn Song

ACB
                                   BAC
                                                        CAB

Prepare Lyrics

A - we danced until dawn
B - waiting for the next song
C - at a glance

                                   Sing

                                                        Repeat

Too many sleeping pills in my bloodstream to cohere an alphabet, too little sleep. The bullshit of (whirring clicking spinning singing stinging springing slowing quickening quieting) "I see you" and "I hear you" in the context of the unknown. Empathy cannot be imagined. (nascent nothing never something always everything chaos chaos chaos chaos chaos) Antithetical, exclusive good intention. Power held over our heads like a guillotine or the abused (killing cleaving leaving loosening losing lethargy lethargy sciamachy solitude solitary) privilege of college mission trips to Guyana. We are all at fault for the divisionary fault lines. I (speak sleep never sleep never nothing at all but whirring whirring clicking intermittent) am lonely even when I am not. Beset by existence the only way to be set for existence. You are (false awakening) not me. Like me, you cannot understand.

a/m/p/u/t/a/t/e hands that
r-ee--aaa---cccc----hhhhh
out to another to feel your pulse,
_____r!_e!_t!_c!_h!_____   out
voMit of vALidAtion Don't You know
you have ((((((((intrinsic worth)))))))),
exhume yourself from the tomb of
publication#s&prestige&perception
of self a psellism anyway take psyllium
if needed for freedom for -- // [shit/selah]
slow down. please believe. sleep. be.
breathe. break away from sciamachy.. . . . .
"i believe, help my unbelief!" he(lp/al)
yourself, i cant he(al/lp) myself, i
must/cant/will/would/wont/can(not)
no there is no Beckett quote here: failure
[[[[[[embalms[me]smlabme]]]]]]] no no
doxylamine save me i know you wont i
wont this will wont this nothing shit(!)
the purgatory of personhood | the cemetery of selves.
p.s., n.b., please *furrowed brow*
please, dear God & self & ? pleading...

Connor Orrico : *If I cannot honor life, I will honor Levé*

Thinking throttles me.
Feeling abrades me.
Writing forsakes me.

Space is too much for me.
Time is too far from me.
Being is too real for me.

The patterns of poetry no longer interest me.
The arguments against suicide no longer convince me.

Connor Orrico ː *"The person in the writing is someone else. I no longer understand a thing…" still "Writing is like the drug I abhor and keep taking, the addiction I despise and depend on." – Pessoa*

qwertyuiop   1234567890   []{}#%^*+=   QWERTYUIOP
asdfghjklp   -/:;()$&@"   _\|~<>€£¥•   ASDFGHJKL
zxcvbnm   .,?!'   ZXCVBNM
Language   Obfuscates   Susurrant   Thought

Mattias Monde : *TUF 03.47*

I'm looking beyond that
deep study of the world's
minutiae appears entropic
may be [arad oxical too]

Allow to be nonco [ittal if]
required e!ac ly how every
[thing aggre] ates in the end.
Post [capi al tech infin] ty.

Mattias Monde : *TUF 14.33*

E[plor] some new se[tt]ings
I I I have [b ee] thinking [
f my involuted desires a]
ean [ing less less ho] le.

With other such a[]pertures
 [orty five body allocations
Fa[b] ric of society in a con
[sis] tent sel] awar [ness.

Are pl[ ]ed under]stant d[ ]ress
the pool]eople must be impr[ess
ed] . Messy gestures t[ ] speak of
I thi[ ]k this is some thing. Point

if require[.Not know[ ] exactly
osmosis or [   ] digestion love
a whiff trans[ ]cent tone intensif]
dribble. The chairs [ ]pect path[ ].

Tech[   ]an in you keeping apiaries
racked the guns, [ ]racked the guns
lo[   ] before we reached th[ ] b[ ]der
steel stands askew, waiting for hands

lined up, each [   ]dy, i[ ] turn [o][]tr[]ct
forg[   ] the revisions, little gest[   ]
li[   ] wip[ ]ng m[ ] as[ ] o[ ]her cult[ ]al
con[ ]ructs or pa[ ]e, to [   ] flat too

Birgit Hedwig Wildt : *Da spiele ich nicht mit!*

Es begann mit der Vorstellung eines Ichs, eines kultivierten, sensiblen Ichs, wie Barthes es nannte. Ein Ich im symbolischen Sinne, gefüllt mit Unruhe und Bestrebungen; ein Ich das zwischen einer fantastischen und realen Welt jonglierte, voller Erinnerungen und Ambitionen; ein nicht Welt beurteilendes, sondern mit Ideen gefülltes Ichs im Zeitalter einer Pandemie.

Und hier stand ich inmitten der Turbinenhalle am Anfang einer Begegnung, einer Galerie-Simulation. Eine choreografierte Menschenmasse bewegte sich auf mich zu. Sprache und Bewegung umhüllten mich. Ich mag das nicht.

Jene Form von Zuschauerbeteiligung vermeide ich. Der Strom nahm zu und so auch das Sprachgewirr. Körper und Sprache gingen Hand in Hand, das sagte schon Butler, doch ohne mich. Da gehe ich nicht mit.

Ich gehe auch nicht auf die Straße. Ich schreie auch nicht. Ich vermeide die Öffentlichkeit, die öffentliche Meinung, die Mehrheit, die Masse, auch die, die ich hier in der Turbinenhalle wiederfand. Kulturelle Beziehungen und partizipative Situationen quälen mich − wie Proust, der einst vom Lauf der Zeit sprach und die reale Zeit suchte, während ich nur Raum suchte, Platz suchte, mich von Körpern und Sprache zu befreien versuchte − das gelang mir nicht.

Mich freizuschaufeln von dieser vernetzten, harmonischen Welt in der alle glücklich mitzumachen schienen. Glücklich war ich nicht.

Ich war weder Teil des Ganzen noch Teil dieses Schaffens noch Teil dieser Wohlfühlgesellschaft. Wie Groucho Marx gehörte ich nicht dazu. Ich war nicht einmal Mitglied der Tate! Ich hatte dieser Gemeinsamkeit nicht zugestimmt. Ich wurde nicht einmal gefragt. Ich war einfach nur da.

Am falschen Ort zur falschen Zeit doch gibt es sie, die richtige Zeit? Dabei hebe ich mich nicht ab, oder heraus, ich beanspruche keine Sonderstellung, keine ästhetische Singularität. Der Kreis wurde enger.

Sprache und Bewegung nahmen mir die Luft weg. *Plaisir/Jouissance*, ein Konzept das reizt bevor es zerbricht. Spiel vereint bevor es zerstört. Da spiele ich nicht mit!

Rational, vorhersehbar, linear, suche ich die regulierte Bewegung in einer regulierten Welt – auch in der Museumswelt: Etikette, Bräuche, Ordnung und vor allem ... Ruhe!

Und, tatsächlich, dann passierte es.

Wir wurden getrennt und zum Schweigen verdonnert bis die Lichter der Turbinenhalle anfingen zu flackern.

anverso
nversos
versosr
ersosre
rsosrev
sosreve
osrever

Mario José Cervantes : *Untitled*

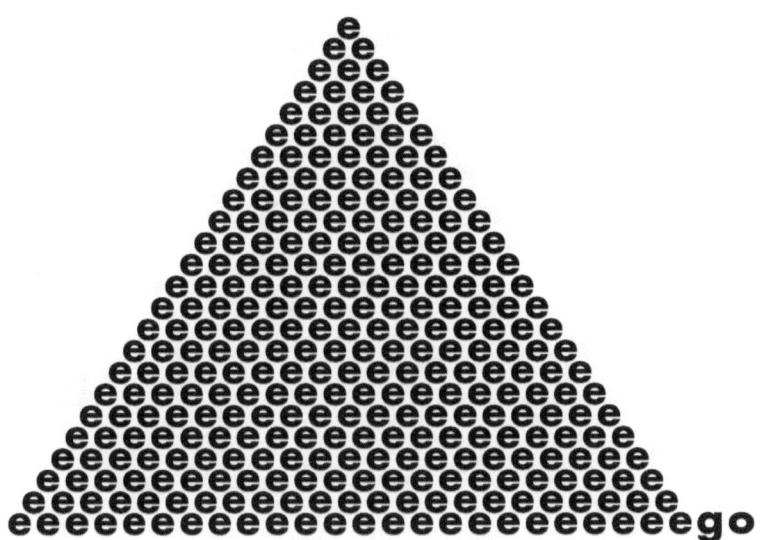

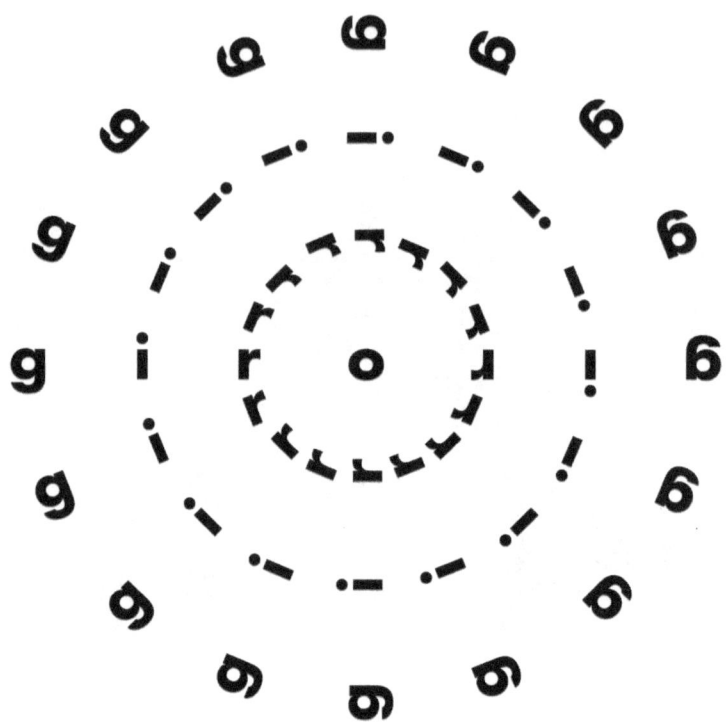

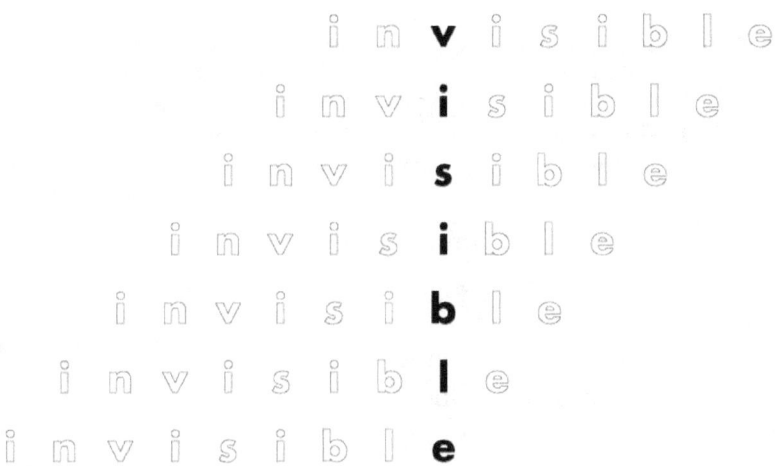

John Grey : *Erecting a tent*

a struggle to drive a stake into the ground,
all my primitive nature   yes I admit to the charge
a brown-eyed void   throw in the years I've lived
and the wounds that define me   hurt but did not destroy
all this so a quote from Nietzsche can play in my head

painfully, the ground accedes to my request —
a small hole, a hint at its own mortality,
something mindless that will die someday
          of the sun's head bursting

and a hole despises a vacuum   itself
will allow me the pleasure of one strike and another and another
people   they saturate its world
and I am a walking land-mine
just a tent this time   a flapping doorway
      to perpetual violence

John Grey : *Lines just written*

Oh Miss Stanza   look out!
old wives, naturally, chatter in the background
and on the cover
on the drive home   they repeat their warnings
on the broken road
                                        on this side
                          on the other
they've been apprised that you could be on to something new

they're dragons
or giantesses smelling blood
or plain devils who get off on you
dying in their cloven tracks.
or burning you up for lumps of old lead for the alchemist trade
            where they're the gold
or raise genius ancestors up from the dead
            just to shame you

John Grey : *The stink*

The best part of a darkness is
  that rotting smell.
Car headlamps dodging
a whirling flock of banshees.
Almost slam into a pole.
Stars through window
lifted on the shoulders of a drunken shepherd.
The sobbing of a castoff mistress.
Strip of yellow under doorway
that children take for an ogre's grin.
Old voices in the parlor,
coughing deep inside their cancer cells.
Hunchback crickets stooping to chirr.
And, in the head,
prices that range from pennies to dollars.
Guys admire pear-breasted women.
The wolf sees what she wants to see.
The best part of darkness is
  stepping in the stink.

David Morse ⋮ *Gone*

If I could remember
the name of this place
I might escape it
but my words scatter,
bouncing and rolling
under beds and doors -
everywhere words can roll.
My daughter will take me home,
daughter or mother, I can't
remember which.
Every time I reach
the front desk to complain
rehearsing what it is I want
to say, my thoughts rattle
in my cup and go jingling
every which way, rolling
past nurses' feet and potted plants.
I stop at the water fountain
rehearsing, and the water
carries me back to the picnic
when the watermelon was stolen,
how it shimmied wavy
green stripes like coins
in the cold springwater
and then was gone.

First appeared in *Potomac Review*, issue 40, Christa Watters editor, 2005.

Roughened over a small arc
of the globe, the Balkans suggest
dragon-scales peeling. The olm,

lacking sight, putters about
with sensors wired to detect
the faintest hint of meal. Pinkish,

unfinished, like a "baby dragon"
that "needs to see the sun shine,"
it claims the famous Postoja Cave

where organ pipes of fluted stone
hold uneasy mountains aloof.
The olm lives to a hundred,

at least, electroreception
brighter than eyes or intellect
when it comes to piercing the dark.

William Doreski : *Bonobo*

Longer legged than a chimp,
brisk hair parted in the middle,
they look thoughtful and human
enough to drink those tropical drinks
sporting plastic umbrella swizzles.

They spend most of their time in sex.
Male on male, female on female,
brother and sister, parent and child.

Sex is their conversation,
and they never tire or bore themselves.
Tongue to tongue plus oral sex—
perverted as people but honest
enough to live outside the law.

William Doreski : *Namibian Fog-Basking Beetle*

It stands on its head in sand dunes.
Morning fog lathers its carapace,
which is peaked and troughed to catch
the faintest moisture. The water runs
down the inverted body
and into the mouth. To attract
a mate, it taps the ground. So
bushmen call it tok-tokkie,
the beetle that converses in code.

William Doreski : *Toco Toucan*

His beak claims fifty percent
of his surface. What a prow
with which to delve into the world.
Darwin thought sexual selection
an issue: diversified stripes
of shivery pastels attract
even the edgiest female.
Maybe so. But peeling fruit
with the world's largest beak surely
brings pleasure greater than sex,
the daily appetite glowing
like a poker, the heat exchange
a simple metabolic fact.

William Doreski : *Right Whale*

The female's so promiscuous
the males line up patiently
sporting their half-ton testicles.

Everything's big. Look at the mouth,
like a pipe organ. Slow-moving,
inshore, these critters are prey

for propellers and head-on
collision with boats. No wonder
only a few hundred survive.

Their sexual instincts say live,
but sexual vigor can't deflect
 those hideous grinding machines.

Helge H. Paulsen : *Die Kunstformel (ein vergeblicher Versuch)*

Die ewige Frage, was nun Kunst sei und was nicht ist Objektiv
schwer zu beantworten, subjektiv nicht. Jeder hat ein gewisses
Gefühl dafür, was Kunst ist, und was nicht. Diese Einschätzung
ergibt sich meist aus dem Habitus und dem damit verbundenen
individuellen Geschmack, somit aus der Fülle an Informationen,
die ihm zur Verfügung stehen. All diese Entscheidungshilfen,
Informationen zur Arbeit, Habitus und persönliche Vorlieben,
ergeben ein subjektives Urteil, ob etwas Kunst sein oder nicht.
Nicht zuvergessen ist natürlich auch der Ort der Sichtung. Was
in einem Museum oder einer Galerie erblickt wird, muss Kunst
seine und wird auch als solche wahrgenommen. Hier geben wir
aber die Beurteilung ab und legen diesen in die Hände des Kura-
tors, des Kunstsachverständigen oder des Sammlers. Erst einmal
könnten wir in einer einfachen Definition davon ausgehen, dass
Kunst nur vom Künstler hergestellt werden kann. Diese Definition würde das Problem aber nur verschieben, den wer, wann
Künstler ist oder sich selbst so definiert, bleibt ja offen. Um den
Bereich der Kunst etwas einzugrenzen, soll hier die bildende
Kunst zu Diskussion stehen. Das Bildhafte, Sichtbare ist dabei
Sinn Stiftende. Auch wenn heut oftmals das Konzept wichtiger
ist als das Sichtbare so bleibt Form & Farbe der Aufhänger für
das Konzept. Wäre dies nicht so, könnten wir Kunst und Philosophie nicht mehr unterscheiden. Die Kunst als Bild, als Objekt
ist sozusagen die Trennwand zwischen Leben und Philosophie
also zwischen Praxis und Theorie. Die Gefahr die sich daraus für
die Kunst ergibt ist, dass sie von beiden Seiten vereinnahmt werden kann, und sich somit in diesen auflöst. Gewinnt das Konzept
zu sehr an Gewicht, ist die optische Erscheinung marginal, man
könnte sie im Prinzip auch entfernen, dann bleibe nur noch das
Konzept, die Theorie also das Philosophische. Diese Entwer-
tung der bildhaften Kunst könnte sie überflüssig machen. Auf
der anderen Seite steht das Leben, die Praxis. Ist die bildende

Kunst nicht mehr von unserem Leben, das uns täglich umgibt zu unterscheiden, erfüllt sich der avantgardistische Traum von der Vereinigung von Leben und Kunst. Dann muss sich zwangsläufig die Kunst in Leben verwandeln, da es keine Differenzierungen mehr gibt. Es gibt künstliche Abgrenzungen, die das Vermengen von Kunst und Leben verhindern sollen, dies sind unsere Galerie- und Museumswände. Der Ort übernimmt immer mehr die Definition, was gesellschaftlich anerkannte Kunst ist und was nicht. In diesen Orten, in diesen Räumen lassen wir nur bedingt Dinge oder Konzepte, kein unkontrolliertes Überangebot, besteht. Die Kontrolle über die Definition, was Kunst sei und was nicht ist ein wichtiges Machtinstrument. Wirtschaftliches und ideologisches Interesse spielen dabei eine wichtige Rolle. Da Kunst *Gefährliche* seine kann, da es diese Machtpositionen hinterfragen kann, ist der Wille zur Kontrolle natürlich. Die Geschichte der Kunst ist die Geschichte der Zensur. Die Zensur ist ein Versuch der Kontrolle, der die Gefahr, die von der Kunst ausgehen kann, zu minimieren versucht.

Kehren wir zurück zur Ausgangsfrage, was Kunst ist – so könnten wir antworten: Kunst ist alles, was künstlich ist, also die Gegenposition von etwas *Natürlichem*. Diese weiter gefasste Definition sagt aber nichts Genaues aus, außer das Es zwei Gegenpositionen zu geben, scheint auf der eine Seite das Künstliche auf der anderen Seite das Natürliche. Wäre alles künstliche, Kunst, wären unsere Einkauf-Zentren Museen und es gebe die Kunst die sich von andern künstlichen Dingen unterscheidet nicht. Doch es gibt sie und nicht nur weil die Dinge nicht im Kaufhaus sondern im Museum hängen, sonder, weil sie mehr sind als die anderen Dinge. Die meisten künstlichen Dinge werden produziert um einen Zweck zu erfüllen, sie haben einen instrumentellen Gebrauchswert. Kunst hat im Unterschied zu diesen, einen Ausstellungswert. Dieser Ausstellungswert verbindet den Gebrauchswert mit etwas Ritualem, Kultischem, Philosophischem. Dadurch wird eine gewisse Distanz geschaffen, die die Kunst heraushebt. Dennoch beleibt die Frage, gibt es einen Faktor X der das *mehr Sein*, den Kunststatus als Kunst definieren kann? Hier soll der Versuch unternommen werden X zu berechnen, besser gesagt zu definieren. Welche Einflussgrößen definieren X? X wird hier in dieser aufzustellenden Gleichung als K für Kunststatus angenommen. Also ist X = K. K ist somit gleich unterschiedlichen Variablen, die im Verhältnis zueinander K ergeben müssen. Zu überlegen wäre zunächst, welchen Einflussgrößen K unterliegt. D. h. erst einmal: Welche Variablen sind für K entscheidend und zweitens in welchem Verhältnis müssen sie vorkommen? Kunst ist eine Wissenschaft und die Wissenschaft ist immer abhängig von Ort, Zeit, gesellschaftlichen Einflüssen, also auch der Politik. Eine weitere wichtige Frage ist, ist die Kunst *Ausdruck für etwas oder Darstellung von etwas*? Der reine emotionale Ausdruck als Bild z. B. reicht in meiner Definition nicht aus, um Kunst zu sein. Die Darstellung von etwas, also auch *etwas erkennen zu können* scheint mir sehr wichtig, den über das Erkennen transportieren wie die Erkenntnis, ein wichtiger Wesenszug der Kunst. Das Erkennen, auch sich Erkennen, ist definitiv ein Element der Kunst. Somit hätten wir drei wichtige Variablen, die K definieren können, E = Erkenntnis, D = Darstellung und A = Ausdruck. A ist im Sinne eines persönlichen und emotionalen Ausdrucks gemeint, als künstlerische Vorliebe ist A zu verstehen. Ihr gegenüber steht F = die Form, denn die Form drückt den emotionalen Ausdruck aus. So könnte ein Teil der Gleichung lauten A durch F ist gleich äußere gestallt der Kunst mal der Erkenntnis (E) die durch die Darstellung (D) ausgedrückt wird. Da sich alles das in einem kulturellem, politischem Feld abspielen müsste man dieses durch eine große Klammer ausdrücken. Als Formal hätten wir dann:

K= (E / D + F / A) in kK   [kK = kultureller Kontext]

Diese Formel besagt, dass sich Kunst ergibt, wenn eine Erkennt-

33

nis sich durch eine Darstellung vermitteln lässt und weiter, wenn die Form, die sich durch den emotionalen Ausdruck des Künstlers ergibt, diese Erkenntnis beeinflusst. Die Summe der *erkenntnisreichen Darstellung* und der *emotionalen Form* ergibt im kulturellem Kontext Kunst. Diese Formel, ob unsinnig oder nicht ob wahr oder falsch, diese kann hier nicht entschieden werden. Sie ist auf jeden Fall wie die Kunst, als Kunst wahr. Es ist die Suchen nach der Essenz der Kunst, im Formalen nicht mehr nicht weniger.

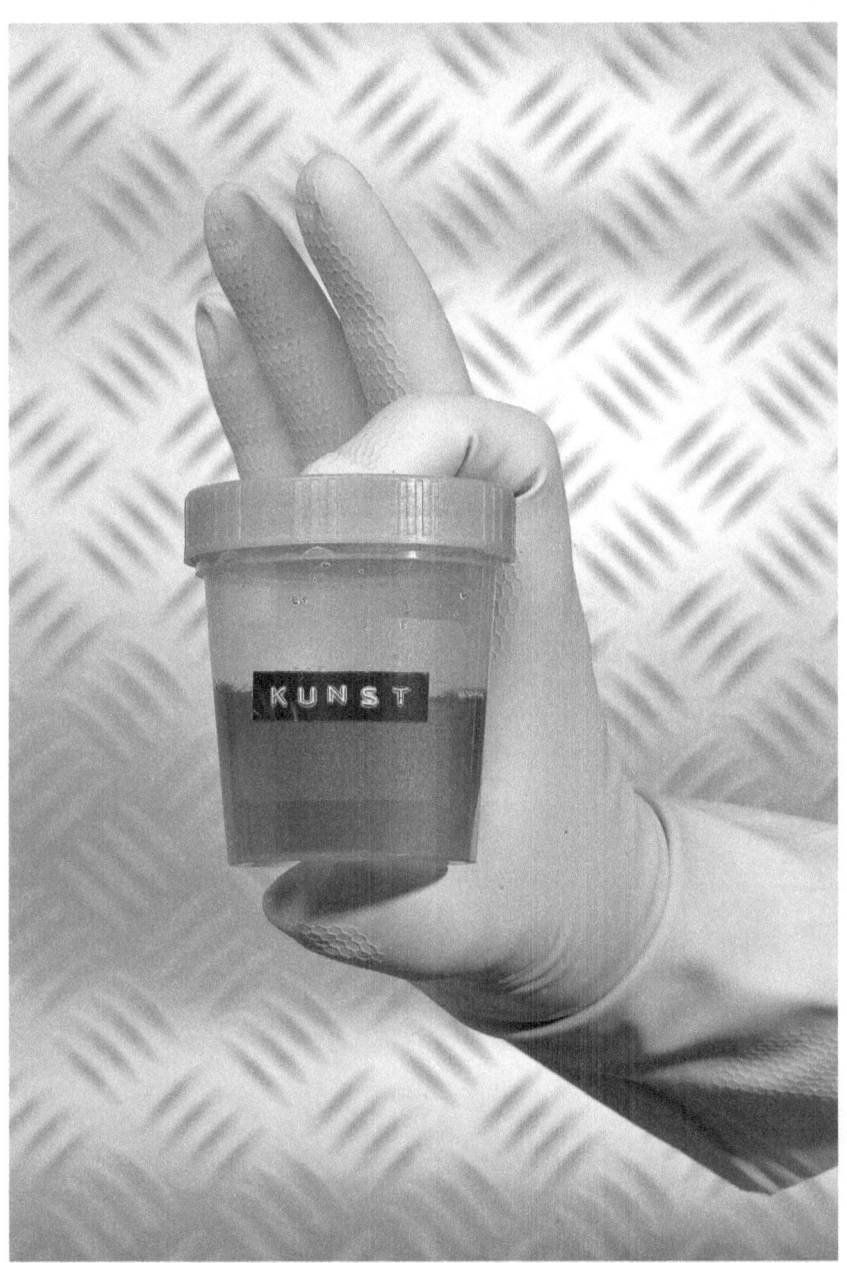

Kunstformel − Extrakt